DISCOURS

SUR

L'HISTOIRE DE LA SORBONNE.

OUVRAGES DU MÊME AUTEUR :

LES PÈRES APOSTOLIQUES ET LEUR ÉPOQUE
(Cours de la Sorbonne, 1857-1858.)
1 FORT VOL. IN-8° SUR PAPIER GLACÉ : 6 FR.

LES APOLOGISTES CHRÉTIENS AU IIE SIÈCLE.
SAINT JUSTIN, TATIEN, HERMIAS, ATHÉNAGORE, THÉOPHILE D'ANTIOCHE.
(Cours de la Sorbonne, 1858-1860.)
2 *beaux vol. in-8°. — Prix* : 12 *fr.*

SAINT IRÉNÉE
ET L'ÉLOQUENCE CHRÉTIENNE DANS LA GAULE PENDANT LES DEUX PREMIERS SIÈCLES
(Cours de la Sorbonne, 1860-1861.)
1 FORT VOL. IN-8°. — PRIX : 6 FR.

Les Cours de 1861-62 et de 1862-63 seront publiés en deux volumes in-8°, dans les derniers mois de 1863.

PANÉGYRIQUE DE JEANNE D'ARC,
prononcé à Orléans, le 8 mai 1860,
Par M. l'abbé FREPPEL. — IN-8°. 80 c.

Le but de l'auteur est de montrer l'héroïne dans ses rapports avec les destinées de l'Eglise et la mission providentielle de la France.

DISCOURS

SUR

L'HISTOIRE DE LA SORBONNE

prononcé le 8 décembre, jour de l'Immaculée-Conception,

A LA SUITE DE LA MESSE DU SAINT-ESPRIT,

POUR L'OUVERTURE DES COURS

DE LA FACULTÉ DE THÉOLOGIE

DANS L'ÉGLISE DE LA SORBONNE,

Par M. l'abbé FREPPEL,

professeur d'éloquence sacrée à la Faculté de théologie de Paris.

PARIS

AMBROISE BRAY, LIBRAIRE-ÉDITEUR,

RUE DES SAINTS-PÈRES, 66.

(Droits de traduction et de reproduction réservés.)

1862

DISCOURS

PRONONCÉ DANS L'ÉGLISE

DE LA SORBONNE

A LA SUITE DE LA MESSE DU SAINT-ESPRIT

POUR L'OUVERTURE DES COURS

DE LA FACULTÉ DE THÉOLOGIE.

Messeigneurs (1),
Messieurs,

L'an dernier, à pareil jour, une voix plus autorisée que la mienne vous entretenait de la situation présente de l'Église, de ses luttes et de ses espérances. Après avoir établi qu'il ne saurait exister d'hostilité réelle entre le catholicisme et ce qu'il y a de légitime dans les aspirations des sociétés modernes, le savant prélat qui préside à la Faculté de théologie de Paris terminait en exhortant ses collègues à se montrer dignes de la grande et illustre École dont ils doivent perpétuer le nom et l'honneur.

Je viens aujourd'hui vous parler de cette École, du rôle qu'elle a joué et de la mission qu'il lui a été donné de remplir dans la suite des siècles. Prononcer le nom de

---

(1) Mgr Maret, évêque de Sura ; Mgr Coquereau, chanoine-évêque de Saint-Denis.

l'ancienne Sorbonne au milieu d'une assemblée de chrétiens et de Français, c'est rappeler à leur esprit le souvenir d'une de nos gloires religieuses et nationales; et je ne saurais sans doute choisir de sujet mieux approprié à la circonstance qui nous rassemble, que de retracer à grands traits le passé de cette institution célèbre qui a su mériter, pendant plus de six cents années, les éloges des papes, la protection des princes, le respect des peuples; et qui, en dépit des passions humaines et malgré quelques défaillances passagères, apparaît dans l'histoire avec sa majestueuse lignée d'écrivains et de docteurs, comme l'un des plus fermes remparts de la foi catholique.

J'ai prononcé le mot de passions humaines, de défaillances passagères. C'est vous dire assez, Messieurs, que l'impartialité serait encore à mes yeux un devoir, lors même que mon sujet me la rendrait difficile. Mais, pour apprécier les services que la Sorbonne a rendus à l'Église et à la France, on n'a pas besoin de se montrer indulgent; il suffit d'être juste. L'École de Paris a brillé d'un éclat trop vif pour qu'il soit nécessaire d'oublier les nuages qui ont failli l'obscurcir par intervalle. Et, d'ailleurs, si ma voix avait besoin d'être soutenue par un grand souvenir, je me rappellerais que j'ai l'honneur de parler devant vous le jour même où l'Église célèbre la fête de l'Immaculée Conception de Marie, ce glorieux privilége que la Sorbonne a toujours placé au rang de ses plus chères croyances, qu'elle obligeait ses docteurs à défendre avec toute l'énergie de leur âme, devançant ainsi, par l'élan de sa foi et de sa piété envers la Mère de Dieu, cette proclamation solennelle qui a été l'un des grands moments de notre époque.

Dans les premières années du treizième siècle, le fils

d'un paysan de la Champagne quittait son village natal pour venir achever à Paris le cours de ses études. Admis dans les rangs de la cléricature, il y trouva, sans la chercher, une réputation que méritaient son savoir et sa piété. La Providence, qui se plaît à réunir les grandes âmes pour l'accomplissement de ses desseins, fit à Robert Sorbon la faveur d'une de ces amitiés où le pouvoir et le génie s'effacent dans l'égalité d'une même ardeur pour le bien. Honoré d'une confiance que justifiait son mérite, le chapelain de saint Louis profita des royales bontés de son maître pour donner un libre essor au zèle qui l'animait. Or, c'était le moment des pensées fécondes et des grandes fondations. Dieu préparait à l'Église un de ces siècles qui font époque dans la vie de l'humanité, un siècle tel qu'on n'en avait plus vu depuis que Grégoire le Grand était venu attacher un dernier anneau à la chaîne des saints Pères. Une séve puissante circulait de haut en bas dans le corps de la chrétienté : les ordres religieux naissaient au souffle de la foi ; les universités surgissaient sous le travail de la science ; les cathédrales s'élevaient pour ajouter les prodiges de l'art aux merveilles de la science et de la foi ; les croisades cimentaient l'unité de la république chrétienne en groupant les peuples autour d'un même étendard ; et ainsi la foi, la science, l'art et la politique se réunissaient dans une magnifique harmonie pour composer cet édifice social dont saint Thomas et saint Bonaventure tracent les lignes, que saint François d'Assise et saint Dominique pénètrent de leur vie, et au sommet duquel apparaissent, comme la plus haute expression du sacerdoce et de l'empire, les deux grandes figures d'Innocent III et de saint Louis.

Il est glorieux pour la maison de Sorbonne d'avoir été la contemporaine de ces vastes créations de l'esprit chrétien. Sorti des rangs du peuple, Robert conçut l'idée de faciliter aux pauvres clercs l'étude des sciences sacrées. C'est dans ce but qu'il ouvrit, sur les lieux mêmes où vous êtes, un asile modeste, qu'il appelait, dans ce langage dont les vrais serviteurs de Dieu ont seuls le secret, la pauvre maison, *pauperrima domus;* et l'on ne peut se défendre d'une vive émotion, lorsqu'on se reporte aux humbles origines de cette illustre Compagnie qui a rempli la terre du bruit de son nom. Ce fut un beau moment pour cet homme si simple et si grand que celui où il put présenter à saint Louis les prémices de son zèle dans cette entrevue qu'une main habile a su rendre sur la toile que vous avez sous les yeux. Doué de cette sagesse prévoyante qui devance la difficulté et sait commander au temps, Robert avait tracé les statuts de son œuvre; et je n'en dirai qu'un mot, c'est que six siècles ont pu passer sur eux, sans qu'une deuxième main ait eu besoin de s'ajouter à celle du fondateur pour les mettre en harmonie avec les conditions toujours changeantes des sociétés humaines.

Déjà, Messieurs, votre sens chrétien vous a fait comprendre que la Sorbonne est née comme naissent les œuvres vraiment inspirées par l'esprit de Dieu. Elle est née de l'humilité, elle est née de la pauvreté, suivant cette loi providentielle qui veut que rien de grand ni de durable ne s'établisse dans l'Église en dehors de ce fondement unique. La main qui, quelques siècles plus tard, allait choisir une pauvre fille des champs pour offrir dans sa personne l'idéal du patriotisme; cette main qui devait un jour faire signe à un pâtre des Pyrénées pour lui confier l'apostolat de la charité; la main de Dieu, dis-je, toujours pleine de libéralités pour la France, était allée prendre dans la chaumière d'un laboureur l'homme destiné à organiser parmi nous la plus haute école de science. Saint Paul l'avait dit : Dieu a coutume d'agir de la sorte; il fait choix des petits, des faibles, des pauvres, afin que nul homme ne se glorifie devant lui.

Toutefois, en faisant à Robert Sorbon la part qui lui revient dans l'organisation de la science, j'ai hâte d'ajouter que l'École théologique de Paris peut se glorifier à bon droit d'une plus haute antiquité. La maison de Sorbonne était une branche nouvelle qui venait se greffer sur un arbre déjà vigoureux, et dont les racines se projettent plus avant dans le sol de l'histoire. Vous le savez, Messieurs, pendant que l'invasion des barbares couvrait l'Europe de ruines, l'Église, unique dépositaire de la science, recueillait les débris du passé dans ses temples et à l'ombre de ses monastères. De là, l'école épiscopale et l'école claustrale, ces deux foyers parallèles d'où la lumière s'est répandue sur le berceau des sociétés modernes. L'antique siége de saint Denis avait vu de bonne heure se former à côté de lui un établissement de ce genre. D'autre part, un homme auquel il a été donné d'accomplir une des plus hautes missions que Dieu ait confiées à un mortel, un souverain dont le nom se retrouve à l'origine de toutes les grandes choses qui se sont faites en France, Charlemagne avait ouvert à la science renaissante les portes de son palais; et c'est de l'école palatine jointe à l'école épiscopale que sortit l'Université de Paris, comme un fleuve qui se forme par deux rivières dont les eaux fraternelles se mélangent dans son lit. Si d'Alcuin à Remi d'Auxerre et de ce dernier à Scot Érigène la filiation des doctrines et des maîtres reste quelque peu incertaine, à partir du douzième siècle toute obscurité disparaît devant l'éclat qui environne l'École de Paris. Alors la montagne de Sainte-Geneviève devient un centre d'enseignement qui envoie ses rayons vers tous les points de l'Europe. Des chaires rivales s'y élèvent l'une à côté de l'autre; et l'émulation des maîtres n'est surpassée que par l'ardeur des disciples qui se groupent autour d'eux. Tandis qu'Abailard et Guillaume de Champeaux tiennent la France attentive au bruit de leurs luttes, Hugues et Richard de Saint-Victor préparent, dans le silence de la retraite, ces chefs-d'œuvre de raison et de piété où la profondeur métaphysique s'allie aux plus belles élévations de l'âme. Pierre Lombard et Alexandre de Halès portent l'esprit géométrique dans la théologie, et tracent d'une main ferme le cadre où va se déployer, dans la plénitude de sa force, le génie des Albert le Grand, des Thomas d'Aquin, des Bonaventure, des Duns Scot. Réduire en système la somme des connaissances humaines, ramener à l'unité d'une vaste synthèse l'universalité des sciences et des lettres, réunir en un faisceau harmonique et bien ordonné les principes de la raison et de la foi avec toutes leurs conséquences, saisir dans la simplicité de leurs lois les faits de la conscience, de la nature et de l'histoire, grouper les arts libéraux autour de la religion comme le cortége d'une reine dont la majesté se réfléchit sur tout ce qui l'approche, et rattacher ainsi toutes les branches du savoir humain à la théologie, comme les nervures d'une voûte se relient à la pierre qui les soutient et les couronne : tel est le problème qu'a essayé de résoudre la pléiade des docteurs dont je viens de dire les noms; et s'il ne lui a pas été possible de parfaire en un siècle ce qui doit être l'œuvre de tous, cette conception monumentale est une des tentatives qui honorent le plus l'esprit humain, comme, d'ailleurs, elle assure à l'École de Paris le sceptre de la science au treizième siècle.

J'ai parlé de luttes, de rivalités d'écoles : que ce mot ne

vous effraie pas, Messieurs. Oui, il y a eu et il y aura toujours dans l'Église des groupes de penseurs qui s'attachent de préférence à un côté de la doctrine sans oublier le reste, des familles d'esprits dont la parenté se trahit par la ressemblance d'une physionomie particulière, des systèmes qui s'affirment librement en dehors du dogme accepté de tous. Cela est normal, cela est régulier. On a dit que l'Église tend à immobiliser la science, qu'elle pétrifie les âmes. Pour moi, quand j'ouvre son histoire, j'y vois bien un symbole toujours le même, une constitution qui ne varie point; mais à côté de ces choses immuables comme Dieu, je vois partout la vie, le mouvement, le choc des opinions contraires, et pourquoi ne le dirais-je pas? le jeu des institutions rivales. Nulle part ailleurs on n'a discuté davantage, et j'ajouterai, plus librement. Ah! c'est que l'Église ne ressemble pas à une secte qui emprisonne les intelligences dans le cercle étroit d'un préjugé temporaire ou local : dans cette vaste circonférence qui embrasse tous les lieux comme tous les temps, l'esprit individuel se déploie sans gêne; le caractère national s'y sent à l'aise ; le génie n'y étouffe point; il y a de l'air et de l'espace pour tout le monde : pourvu qu'on ne s'imagine pas qu'une liberté sans frein soit une force, qu'une intelligence qui s'affranchit de la règle marche plus vite ni plus sûrement, et qu'on n'aille pas, à l'exemple d'Abailard et de tant d'autres, se frayer en dehors de la grande société des âmes une voie solitaire au bout de laquelle on ne trouve plus que les froissements d'un orgueil blessé et les regrets d'une ambition déçue.

Fidèle à ces principes, l'Université de Paris tenait les yeux fixés sur la chaire principale d'où descend, pour l'Église, la parole de l'autorité et du gouvernement; et je me fais presque un reproche de n'avoir pas dit plus tôt quels liens profonds l'ont attachée dès l'origine au siége suprême de la chrétienté. N'en soyez pas surpris : chaque fois que l'on creuse jusqu'à la source d'une de ces créations religieuses qui ont traversé les âges, on est sûr d'y trouver, après le doigt de Dieu, la main de la papauté. Je serais infini, si je voulais énumérer tous les témoignages de bienveillance paternelle que les souverains pontifes ont prodigués à la plus ancienne Université du monde, les priviléges dont ils l'ont enrichie, les félicitations qu'ils lui ont adressées, les conseils de haute direction par lesquels ils s'efforçaient de la maintenir dans une voie digne d'elle. Célestin II, Adrien IV, Innocent III, Honorius IV et Jean XXII ne pouvaient oublier qu'ils avaient puisé dans son sein le lait de la doctrine. Urbain IV, Innocent V, Benoît XII, Alexandre V et Clément VI se ressouvinrent, sur la chaire de saint Pierre, que la Faculté de Paris avait eu l'honneur de les compter au rang de ses docteurs. Du treizième au quinzième siècle, la sollicitude des papes pour cette grande institution se révèle par une série d'actes qui en augmentent la force et en relèvent la splendeur. Clément IV consacre par son autorité l'établissement de la maison de Sorbonne, dont son prédécesseur avait confirmé les statuts. Honorius III dit de l'École de Paris qu'elle arrose par les eaux salutaires de sa doctrine et rend féconde la terre de l'Église universelle. Grégoire IX, dont le zèle vigilant étouffe en elle des germes funestes, l'appelle la mère des sciences. Alexandre IV la dépeint sous l'image d'une lampe ardente qui brille dans la maison du Seigneur, et ne craint même pas de la comparer à l'arbre de vie planté au milieu du paradis terrestre. Nicolas III accorde à ses docteurs la préséance sur ceux des autres universités; et, enfin, à partir de Benoît XII, les chefs de l'Église lui font, deux siècles durant, l'insigne faveur de lui notifier leur exaltation au trône pontifical. J'aime, Messieurs, à rappeler cette antique prédilection de la papauté pour la Sorbonne, parce qu'elle honore à la fois la haute autorité qui trouvait dans son amour pour la science de telles distinctions, et la docte Compagnie qui savait s'en montrer digne.

C'est qu'en effet la Faculté de Paris restait fidèle à sa mission de corps conservateur des saines doctrines. Si on peut lui reprocher d'avoir fléchi un instant sous la pression d'un pouvoir despotique, et d'avoir manqué de vigueur dans les tristes démêlés de Philippe le Bel avec Boniface VIII, elle retrouva toute sa fermeté en défendant l'autorité pontificale contre les théologiens courtisans de Louis de Bavière. Sans doute, je ne dirai pas que le quatorzième siècle ait été pour elle une ère de splendeur comparable à l'époque de saint Thomas d'Aquin et de saint Bonaventure : Dieu ne ménage aux hommes de pareils spectacles qu'à de longs intervalles. La scolastique, cette discipline puissante sous laquelle s'est formé l'esprit de nos pères, avait des qualités qui pouvaient facilement dégénérer en défauts. A force de subtiliser sur les matières de la foi, quelques écoles en étaient venues à réduire la théologie à de vaines disputes de mots, au milieu desquelles la vie s'éteignait dans un formalisme sec et aride. La Sorbonne eut à réagir contre ces tendances dont Clément VI et Jean XXII lui signalaient le danger; et c'est encore un beau spectacle que de la voir en lutte avec les excès d'une dialectique raffinée, démasquant le scepticisme de Guillaume Occam et des nominalistes outrés, arrêtant toute tentative d'absorber la théologie dans la philosophie, ramenant les esprits vers une étude plus sérieuse de l'Écriture et des Pères, refoulant l'erreur par la force de son enseignement et par l'autorité de ses censures, exerçant au loin cette haute magistrature de la science que lui décernait la confiance publique, et préparant ainsi, par la réforme d'elle-même, ce grand mouvement intellectuel dont Gerson allait être le promoteur le plus actif.

Nommer Gerson, Pierre d'Ailly et Nicolas de Clémengis, c'est rappeler que la Sorbonne a été le principal foyer de la rénovation des études théologiques au quinzième siècle. Avec eux, le souffle d'une vie nouvelle pénètre dans la science : une direction plus pratique rend aux choses de l'âme une place que les spéculations de l'esprit leur avaient trop disputée; la séve évangélique vient ranimer ces formules abstraites qui avaient fini par dessécher les cœurs; l'enseignement se dégage des épines qui l'embarrassaient inutilement; et la rude écorce dont l'école enveloppait la doctrine se brise pour permettre à l'intelligence d'en savourer le fruit : bref, la scolastique et la mystique, longtemps séparées, se rejoignent et s'embrassent dans une aspiration commune vers les sources éternelles du vrai et du bien. Quelle figure, Messieurs, et quelle carrière que celle de cet illustre chancelier de Paris, qui, tour à tour théologien, orateur, controversiste, écrivain ascétique, instruit la jeunesse, harangue les multitudes, se jette en médiateur au travers des partis, est mêlé à tout, laisse partout la trace de son nom et de ses œuvres; qui, non moins grand dans la solitude que sur la scène du monde, lègue à la postérité le fruit de ses méditations dans un livre dont on a pu dire que c'est le plus beau qu'ait écrit la main d'un mortel, puisque l'Évangile est de Dieu; qui, enfin, récompensé de ses services par l'exil, se console dans l'étude de la disgrâce des hommes, et passe les dernières années de sa vie, lui, l'âme de deux conciles, le conseiller des papes et des rois, à enseigner le catéchisme à de pauvres enfants auxquels il apprend à répéter tous les jours cette prière de l'humilité : « Mon Dieu, mon Créateur, ayez pitié de votre pauvre serviteur Gerson ! »

De tels hommes ne pouvaient manquer d'exercer sur leur siècle une influence profonde. Pourquoi faut-il que mon sujet m'amène à vous parler de ces temps désastreux où la crainte d'un schisme alarmait les consciences ? Dieu permet ces redoutables épreuves afin que le sacerdoce se retrempe dans l'amour du devoir à l'aspect des maux qu'en peut causer l'oubli, et que les peuples se rattachent plus étroitement à l'Église en la voyant résister à des assauts auxquels succomberait toute institution humaine. Assurément, on ne saurait trop le répéter, la chrétienté ne se divisait alors sur aucun point de doctrine, mais sur une simple question de fait : toutes les nations obéissaient au successeur de saint Pierre, bien qu'elles fussent partagées entre ceux qui en revendiquaient le titre ; et certes le siècle des Vincent Ferrier et des Catherine de Sienne n'est pas une époque où la sainteté de l'Église ait reçu la moindre atteinte. Mais enfin ces contestations touchant la validité de l'élection des papes, ces anathèmes réciproques qui se croisaient par-dessus la tête des peuples, entretenaient dans les esprits une agitation funeste. On s'imaginerait difficilement ce que la Sorbonne a déployé de zèle et d'activité pour mettre fin à un état de choses si préjudiciable aux intérêts de la foi. Tantôt elle supplie, dans les termes les plus respectueux, chacun des pontifes à sacrifier ses droits au bien général ; tantôt elle s'adresse aux princes pour obtenir, par leur intervention, le rétablissement de la paix ; tantôt elle fait appel aux cardinaux, aux évêques et aux universités du monde entier, pour hâter la solution par le concours de toutes les forces vives de l'Église; et si l'Église, qui trouve toujours dans son inépuisable vigueur de quoi se réformer elle-même, si l'Église, dis-je, est arrivée aux résultats que vous savez, je ne crois pas flatter l'Université de Paris en affirmant qu'elle y a eu sa large part. Et maintenant, Messieurs, pourquoi n'ajouterais-je pas qu'au milieu de ces efforts si louables l'école de Gerson et de Pierre d'Ailly n'a pas toujours su éviter les écueils qu'elle rencontrait sur son chemin ; qu'elle n'a pas distingué avec assez de soin les conditions normales de l'Église d'avec les besoins d'une situation exceptionnelle et passagère ; qu'elle semble avoir voulu ériger en principe ce qui n'est applicable qu'à des cas particuliers et presque sans exemple dans l'histoire ; et qu'en s'efforçant d'assurer son jeu légitime à l'une des parties essentielles de la constitution de l'Église, elle incline à restreindre la plénitude de puissance qui réside au sommet ? De telles tendances, si elles ne se justifient point dans l'opinion du grand nombre, trouvent leur excuse dans les difficultés du moment comme dans les ardeurs de la controverse, et ne sauraient effacer les droits que ces grands théologiens se sont acquis à la reconnaissance de tous en contribuant à écarter les périls qui menaçaient l'Église.

Ce rôle de pacification, je l'observe également dans l'attitude de la Sorbonne au milieu des circonstances non moins difficiles où se trouvait l'État. Et ne vous étonnez pas, Messieurs, que la politique vienne faire une apparition dans mon sujet. Sortie, pour ainsi dire, des entrailles de la France, l'Université de Paris n'est restée étrangère à aucune des phases de notre vie nationale : elle a été associée aux malheurs comme aux gloires de la patrie, dont elle a quelquefois partagé les fautes. Il serait superflu de m'étendre sur les causes qui avaient amené pour la France un siècle de calamités, dont le règne de Charles VI forme le plus douloureux épisode. La guerre étrangère, la guerre civile, la guerre sociale, ces trois fléaux des peuples, s'étaient réunies pour couvrir le pays de sang et de ruines. Au milieu de ces luttes fratricides, j'aime à voir la Sorbonne exhorter à la paix les partis qui déchiraient le royaume, et soutenir l'autorité souveraine, tout en lui conseillant une ligne de conduite plus sage et plus ferme; j'aime à la voir user de l'influence que lui assurait le respect de tous, pour réprimer, d'un côté, l'insolence des factieux, et pour intercéder, de l'autre, en faveur d'un peuple égaré. Il est vrai qu'elle a dû ressentir elle-même plus d'une fois le contre-coup de ces agitations du dehors, qu'il lui était difficile de se soustraire entièrement à la pression des partis qui se disputaient son alliance ou cherchaient à s'autoriser de ses décisions. Mais, soit qu'elle inclinât d'un côté ou de l'autre, dès qu'il s'agissait de doctrines, elle retrouvait son énergie pour flétrir l'erreur et proclamer la vérité. Lorsqu'un de ses docteurs, Jean Petit, ne craignit point de mettre sa scolastique verbeuse au service d'un assassinat trop célèbre, la Sorbonne se leva tout entière pour condamner ces maximes anarchiques; et s'il m'est pénible de ne pouvoir arracher de son histoire la page où elle méconnut Jeanne d'Arc, je suis heureux de pouvoir ajouter qu'une fraude insigne avait falsifié les pièces qui formèrent la base de son jugement, qu'elle délibérait sous la menace de l'étranger campé dans Paris, que l'exil et les supplices l'avaient privée des plus courageux de ses membres, que le plus illustre de ses docteurs, Gerson, se trouvait du côté de l'héroïne, et qu'enfin c'est de son sein que sont sorties les premières apologies qui ont réhabilité cette grande mémoire. Ne soyons pas trop sévères, Messieurs, dans nos appréciations sur ces époques de luttes, de passions ardentes, où le vertige peut gagner les meilleures têtes, et recueillons plutôt la leçon qu'elles renferment. Il n'est pas bon pour la théologie, qui est la science de la religion, qu'elle descende dans l'arène des partis politiques, pour y subir la pression des puissances de la terre et abdiquer entre leurs mains sa liberté et son indépendance. Son devoir est de se maintenir autant que possible dans ces régions hautes et sereines de la pensée où n'arrivent pas les agitations du monde ; et s'il ne lui est pas permis de rester indifférente aux destinées de la patrie, s'il entre dans sa mission d'enseigner aux peuples le respect des pouvoirs établis, elle ne doit pas oublier qu'elle n'a de règle ni d'inspirations à recevoir que de l'Église et de son Chef.

C'est la gloire de la Sorbonne d'avoir su trouver dans chaque attaque contre l'Église une nouvelle occasion de manifester son zèle pour la foi catholique ; et ce n'est pas ma faute, Messieurs, si le tableau, même rapide, d'une carrière de six siècles impose à mon discours une étendue qui n'a d'excuse que dans votre bienveillante attention. Nous touchons à une époque où il était réservé à la Faculté de théologie de Paris d'accomplir une des plus belles missions qui puissent échoir à un corps enseignant. Le schisme d'Occident avait laissé après lui des traces qui ne s'étaient point effacées sous l'action réformatrice des papes et des conciles du quinzième siècle ; une ardeur fiévreuse lançait les peuples dans des voies nouvelles dont ils n'entrevoyaient pas le terme ; une hostilité mal dissimulée se cachait sous un enthousiasme irréfléchi pour l'art et les littératures païennes. Sentinelle vigilante de la foi, la Sorbonne observait de loin ces symptômes inquiétants. Avec cette sûreté de coup d'œil qui lui fit découvrir et condamner, dans les ouvrages d'Érasme et de Reuchlin, les témérités d'une foi douteuse, elle signalait le mal en indiquant le remède. Ce n'est pas que les recherches et les découvertes de cet âge de transition l'aient trouvée indifférente ou hostile. Quand le génie patient et laborieux de l'Allemagne eut doté le monde de cet art admirable qui fixe la pensée tout en lui donnant des ailes, la Faculté de théologie prit l'initiative pour assurer à la science les bienfaits de ce progrès nouveau, et, laissez-moi vous dire ce détail, c'est dans la maison de Sorbonne que s'établit la première presse qu'ait admirée la France. De même on l'avait vue suivre l'exemple des papes protecteurs des lettres, et ouvrir avec empressement ses chaires aux langues de la Grèce et de l'Orient, bien que l'école des humanistes du quinzième siècle ne cessât d'exciter ses trop justes défiances. Enfin, la Sorbonne n'avait pas attendu les emportements de Luther pour dénoncer l'abus que faisaient des indulgences quelques prédicateurs dont l'instruction n'égalait point le zèle; mais quand cet homme violent eut déserté la cause à la défense de laquelle il avait voué son âme, pour mettre son génie au service de l'ambition des princes et des passions de la multitude, il trouva dans les docteurs de Paris des adversaires dont la science déconcerta la sienne. Après avoir consenti à les prendre pour juges, il déclina leur compétence dès qu'ils l'eurent condamné; et la déférence qu'il avait montrée pour eux fit place à une fureur qui ne connut plus de bornes. A partir de cette mémorable censure, chef-d'œuvre de logique et de raison, la Sorbonne offrit au monde le spectacle d'une compagnie d'élite constamment sur la brèche pour repousser les assauts de l'ennemi. Oui, j'épuiserais les ressources de la parole avant d'avoir dit tout ce qu'elle a fait pour préserver la France de ce christianisme tronqué, mutilé, dont Luther et Calvin se prétendaient les apôtres. Un siècle durant, il n'est pas d'ouvrage qui paraisse dans les rangs de l'hérésie, pas d'opinion suspecte qui surgisse quelque part, sans que ce tribunal permanent l'examine, la juge, la réfute. Dans son zèle pour l'orthodoxie, la Faculté n'épargne pas ses propres membres, pour peu qu'ils se laissent gagner par l'esprit de nouveauté, à l'exemple de Berquin, de Lefèvre d'Étaples, de Claude d'Espence et de René Benoît; elle ne craint même pas de faire monter ses censures jusque sur les marches du trône pour y atteindre les doctrines équivoques de Marguerite de Navarre. Tandis qu'une partie de ses théologiens vont porter leurs lumières au concile de Trente, où l'estime générale leur décerne le premier rang après ceux du Pape, elle oppose aux formules ambiguës de Mélanchthon une réponse qui dissipe tout nuage, et dresse en vingt-neuf articles cette exposition de foi si nette, si précise, qui devient un point de ralliement pour la France catholique. Puis, du moment que la politique irrésolue des Valois laissa flotter les rênes de l'État pour livrer le royaume à la merci des factions, la Sorbonne n'hésita point à soutenir par la vigueur de ses décrets le mouvement légitime d'un peuple qui se levait pour défendre la foi de ses pères. S'appuyant sur une constitution dix fois séculaire, écrite dans le cœur des Français, née avec la monarchie elle-même, scellée par les serments de cinquante rois catholiques, elle se souvint que si le pouvoir vient de Dieu, il est tenu de respecter ce qui est de Dieu;

qu'il peut perdre ses droits en oubliant ses devoirs ; et sans vouloir justifier les excès d'une défense qui trouvent leur excuse dans les violences de l'attaque, sans oublier que les passions humaines peuvent s'entremêler à la plus sainte des causes, je ne crains pas de dire qu'en cherchant à maintenir vierge du schisme et de l'hérésie le trône de Clovis, de Charlemagne et de saint Louis, la Sorbonne se trouvait, avec la Ligue, du côté de la justice, de l'honneur, du droit public, des véritables intérêts de l'Église et de la France.

La grande crise qui avait failli emporter la monarchie avec la foi était passée. Mais il est rare, Messieurs, que ces vastes insurrections de l'erreur, lors même que la vérité en triomphe, ne laissent pas dans les esprits quelques germes funestes. A peine la France avait-elle échappé aux périls dont la menaçaient les théories de Luther et de Calvin, qu'une nouvelle secte, aussi subtile dans ses détours qu'opiniâtre dans sa résistance, vint remettre en question la paix des âmes si heureusement rétablie. Sans doute, lorsqu'on parle de ce parti qui n'appartient plus qu'à l'histoire, on ne saurait oublier qu'il ne s'annonçait pas dès le principe avec ce caractère de rébellion ouverte qui le distingua plus tard, et que, dans la première phase de son existence, il a eu la rare fortune de compter parmi ses membres des hommes qui, sous d'autres rapports, ont bien mérité de l'Église, des écrivains dont les talents ni le zèle ne peuvent s'effacer de notre mémoire. Aussi ne suis-je pas étonné que la Sorbonne ait eu quelques tendresses de mère trop indulgente pour des docteurs qui avaient puisé dans son sein des leçons auxquelles ils ne surent pas rester fidèles. Mais enfin, à travers ses faux-fuyants et ses subtilités, le jansénisme ne tendait à rien moins qu'à détruire la liberté morale, à confondre la nature avec la grâce, et à renverser, par voie de conséquence, l'autorité doctrinale. Déjà la Faculté de théologie de Paris, attentive à ce réveil de l'esprit calviniste, avait frappé dans les écrits d'Antoine de Dominis et de son propre syndic, Richer, des maximes qui substituaient à la constitution monarchique de l'Église une démocratie sans règle ni frein ; et je dois ajouter à la louange du grand cardinal dont le tombeau s'élève dans cette église bâtie par sa main, que son zèle pour la foi avait su inspirer cette vigilance à la Compagnie dont il s'était fait le protecteur. Ce n'est là, toutefois, que le prélude des actes mémorables auxquels la Sorbonne devait attacher son nom dans la controverse dont je parle. Ici, Messieurs, je ne puis échapper à l'inconvénient d'être devancé par vos souvenirs, en rappelant qu'elle eut l'honneur de formuler par l'organe de son syndic, Nicolas Cornet, les cinq propositions qui servirent de base au jugement de l'autorité suprême ; qu'à partir de ce moment-là, elle ne cessa de prévenir par ses propres censures les arrêts solennels de l'Église ou d'en rester l'écho fidèle ; que ni l'entêtement d'Arnauld, ni les témérités de Launoy ou d'Ellies Dupin ne purent trouver grâce devant ses réprobations énergiques ; que dans cette lutte avec une erreur toujours prête à reparaître sous de nouvelles formes, elle donna la main à l'illustre société dont le jansénisme s'était fait l'adversaire acharné, et à laquelle, je dois l'avouer, elle n'avait pas rendu au siècle précédent toute la justice que méritait cette milice si intelligente et si dévouée. Heureuse si, avec cette fermeté qui lui avait fait refuser d'enregistrer une déclaration fameuse, elle avait su résister jusqu'au bout à des influences fatales ; et si, après avoir adhéré à la constitution pontificale qui mettait fin aux débats, la bulle *Unigenitus*, elle n'était pas revenue sur sa première décision pour prolonger une résistance qu'elle devait déplorer plus tard ! Heureux aussi le pouvoir royal, si, mieux conseillé en cette circonstance comme dans d'autres semblables, il avait su comprendre que l'affaiblissement de l'autorité des papes était le plus sûr moyen de discréditer la sienne, que l'intervention pacifique des souverains pontifes n'a jamais ébranlé un trône, tandis qu'elle en a consolidé plusieurs ; qu'on porte atteinte à ses propres droits en méconnaissant ceux d'autrui ; et qu'en exerçant sur la théologie une contrainte quelconque, on n'obtient d'elle que des arrêts sans force, qu'elle se hâte de révoquer le jour où des temps meilleurs l'auront rendue à son indépendance !

Mais laissons là ces controverses qui sont d'un autre âge, pour nous reporter vers le mouvement scientifique dont la Sorbonne était le centre au dix-septième siècle. Dans ce grand siècle, dans ce siècle éminemment français, que Dieu semble avoir fait surgir entre le siècle de l'hérésie et celui de l'incrédulité, comme le soleil qui se lève et qui se couche sur les ténèbres, la Faculté de Paris a été la mère et l'éducatrice de la plupart des hommes qui, alors, répandaient sur l'Église de France un éclat incomparable. Les luttes avec le protestantisme avaient obligé les défenseurs de la vérité d'approfondir davantage la science de l'Écriture et des Pères; sans rompre avec les traditions de l'école, la théologie était devenue plus positive dans le choix de ses arguments ou de sa méthode, plus soigneuse à étudier le texte sacré et les monuments de l'histoire, en même temps que l'esprit d'une époque toute littéraire la portait à faire un meilleur emploi des ressources de l'éloquence. Pour comprendre ce qu'un tel enseignement devait communiquer aux esprits de vigueur et de solidité, il suffit de s'arrêter devant l'un des maîtres qui l'ont résumé dans leurs écrits. Et ne croyez pas, Messieurs, que je veuille nommer Bossuet : vous m'accuseriez peut-être de chercher une preuve trop facile en rappelant que la Faculté de théologie de Paris peut se glorifier d'avoir produit un tel élève. Je ne prononce son nom que pour avouer mon impuissance à louer un homme au sujet duquel ses contemporains et la postérité ont dû épuiser toutes les formules de l'admiration. Non, comme il l'a dit lui-même, en parlant de Nicolas Cornet, l'univers n'a rien de plus grand que les grands hommes modestes. Eh bien! c'est de l'un de ces grands hommes modestes que je veux parler; et pour vous montrer ce que c'était qu'un docteur de Sorbonne au dix-septième siècle, permettez-moi d'esquisser rapidement une de ces vies qui ont d'autant plus de mérite qu'elles se cachent davantage dans l'obscurité de la retraite et dans le silence de l'histoire.

Vers la fin du grand siècle, un jeune Provençal, dont l'enfance avait eu avec celle de Sixte-Quint une ressemblance qu'il est inutile de décrire, aperçoit de derrière son troupeau un carrosse sur la route de Paris. Il s'y jette, tourmenté par la passion de l'étude, et arrive dans la capitale, où il est recueilli par un de ses oncles qui occupait une position modeste à Saint-Germain l'Auxerrois. Là, il s'applique sans relâche à la science qui va devenir l'âme de sa vie : il met à l'acquérir cette longue patience qui ressemble au génie, si elle n'est pas le génie lui-même. Reçu docteur de Sorbonne, il monte dans la chaire de l'enseignement pour ne plus la quitter; puis, enfin, il ramasse le fruit de ses travaux dans un ouvrage qui rappelle par ses vastes proportions la Somme de saint Thomas, et qui fait encore le désespoir de quiconque veut essayer une exposition plus claire et plus méthodique. Dans cette large synthèse, qui embrasse tout l'ensemble de la science sacrée, il démembre chaque question, l'analyse en détail, la résout ; il avance, à pas mesurés, aux clartés de l'Écriture interprétée par les conciles et les Pères ; il se laisse diriger par la foi, s'appuie sur la raison ; il discute, prouve, conclut avec une précision de termes et une sûreté de logique qui lèvent toute équivoque et emportent la conviction. J'ai nommé Tournély, l'un des maîtres de la théologie positive, le grand adversaire du jansénisme, le docteur de l'incarnation et de la grâce ; or quand on a nommé Tournély, on peut s'en tenir là ; car, pour lui trouver des rivaux dans la controverse, il faut aller à Bellarmin ou à Suarez ; et, pour rencontrer dans son siècle un esprit théologique plus élevé que le sien, on a besoin de monter jusqu'à Bossuet.

Tels sont les maîtres qui enseignaient en Sorbonne au dix-septième siècle ; car, ce n'est que pour abréger, Messieurs, que j'omets de vous signaler l'orthodoxie savante d'André Duval, de Mauclère et de Gamaches, l'esprit analytique de Holden, la vaste érudition de Noël Alexandre, la logique vigoureuse de Hallier et ses recherches profondes sur la discipline de l'Église, les travaux moins sûrs, mais plus étendus de Habert et de Witasse. C'est à cette forte école de théologie que s'est formé l'ancien clergé de France, dont le monde chrétien admirait le savoir, avant que les tourmentes politiques du siècle dernier eussent fait éclater son inébranlable attachement à la foi catholique.

Cette épreuve suprême s'annonçait en effet par des signes alarmants ; et le dernier écho des querelles jansénistes était venu se perdre dans le bruit d'un combat bien autrement redoutable. L'esprit d'irréligion qui depuis longtemps couvait en silence dans les hautes classes de la société, avait trouvé dans les scandales de la Régence une complicité qui devait en hâter le progrès. Né, en Angleterre, de l'affaiblissement des croyances minées par la Réforme, le déisme, cet athéisme déguisé, comme l'appelait Bossuet, venait de faire invasion en France, où un travail lent et souterrain lui avait préparé les voies. Usurpant le beau nom de philosophie, une secte sans principes s'était parée de quelques lambeaux de l'Évangile, pour retourner contre le christianisme des maximes qu'elle lui empruntait en les dénaturant. Ce n'étaient plus quelques points de doctrine, mais la révélation tout entière qui allait subir un assaut général de la part d'écrivains habiles à égarer les peuples par les séductions de l'esprit, ou à les étourdir par des déclamations sonores. Dans cette lutte de l'Église avec l'incrédulité, la Sorbonne se tint constamment aux avant-postes de la défense, et cette dernière page de son histoire n'en est pas la moins belle. Déjà, au siècle précédent, les premiers symptômes du rationalisme n'avaient pas échappé à la sagacité de ses docteurs; et tout en rendant justice aux bonnes intentions de Descartes, ils avaient prédit le combat qui se préparait sous son nom. Ce fut bien autre chose, quand le divorce de la philosophie d'avec la théologie, d'abord timidement annoncé, eut pris la forme et le ton d'une agression ouverte. Alors les avertissements d'une sollicitude prévoyante firent place à des anathèmes solennels. Dès que les *Lettres philosophiques* de Voltaire eurent préludé à cette guerre de pamphlets et de gros livres qui allait se continuer sans interruption, la Sorbonne dénonça au monde les frivolités haineuses d'un écrivain auquel l'esprit tenait lieu de science. Depuis ce moment, ses censures et ses réfutations se multiplièrent avec chaque production nouvelle de l'incrédulité; elles atteignaient dans Rousseau les contradictions et les sophismes d'une verve déclamatoire ; dans Marmontel, une fausse sensibilité qui sert de voile à l'indifférence en matière de religion ; dans Raynal, une philanthropie malsaine qui se croit vertueuse parce qu'elle affecte de s'indigner ; dans Mably, les rêves d'un communisme qui appauvrit tout le monde et n'enrichit personne ; dans Buffon, les théories aventureuses d'un esprit qui méconnaît les vraies limites de la science, et jusque dans Montesquieu, les hardiesses d'un publiciste plus ingénieux que profond. Je sais, Messieurs, que ces jugements, dont plusieurs, comme la censure de l'*Émile* par exemple, sont des modèles d'analyse critique, n'arrêtèrent pas le mouvement. Il est des moments dans la vie d'un peuple où une raison haute et ferme ne parvient plus à maîtriser les emportements de l'erreur, surtout quand le talent est au service des passions. Mais, c'est l'honneur de la Sorbonne d'être restée sur la brèche jusqu'à la dernière heure pour repousser l'attaque des sophistes, et de n'avoir pas faibli dans cette mission d'enseignement et de surveillance qu'elle exerçait depuis des siècles. Puis, quand l'événement eut vérifié la prévision des sages, lorsqu'en un jour d'aberration et de colère, une assemblée législative, sortant du cercle de ses attributions, voulut imposer au clergé de France une constitution schismatique, l'antique Faculté se rappela qu'elle avait derrière elle un passé dont la réputation engageait sa conduite, et fidèle à ses serments comme à ses traditions, elle n'hésita pas à condamner à l'unanimité de ses membres un acte aussi coupable qu'insensé. Cette réprobation courageuse devint son arrêt de mort. C'était mourir comme meurent les grandes institutions, dans la conscience de leur droit et dans l'accomplissement du devoir.

Je me trompe, Messieurs, de pareilles institutions ne meurent pas; ou, du moins, elles renaissent sous des formes rajeunies et avec une nouvelle vitalité. En retirant cette gloire de la patrie du milieu des ruines qui l'avaient ensevelie avec tant d'autres choses, l'immortel auteur du Concordat posait une pierre d'attente pour l'avenir; et quelque modeste qu'ait pu être la période de transition qui a suivi cette brillante carrière dont je viens d'esquisser le tableau, rien n'est de nature à décourager notre confiance dans le succès d'une réorganisation définitive et complète. C'est le problème de ce siècle, de renouer le présent au passé pardessus les secousses violentes qui les ont séparés. S'il est permis de ne point regretter dans la disparition de l'ancienne Sorbonne un rôle politique qui n'est plus de notre temps, et certaines disputes d'école auxquelles l'époque présente a mis fin si heureusement, le vide qu'elle a laissé au milieu de nous ne peut être comblé que par le retour aux fortes études dont elle était le centre. Oui, retenons de cette grande École de science et d'érudition le sens théologique qu'elle possédait à un si haut degré, son application aux travaux sérieux de la pensée, son zèle pour l'orthodoxie, son esprit conservateur et traditionnel, son éloignement pour des nouveautés dangereuses, l'art avec lequel elle savait varier son enseignement et ses méthodes suivant les besoins des temps, et, pourquoi ne l'ajouterais-je pas? l'ardeur convaincue de son patriotisme, qu'elle ne séparait pas de son attachement aux droits de l'Église et du Saint-Siége. Voilà l'héritage que nous ont légué nos pères. Heureux si l'Église daignait le bénir entre nos mains; et si le Pontife suprême, à qui seul il appartient de donner aux institutions religieuses leur consécration et leur force, laissait tomber de ses lèvres la parole qui les ratifie et les confirme! C'est, Monseigneur, le vœu que vous émettiez l'an dernier en présence de l'éminent Prélat de qui nous tenons la mission d'enseigner la science sacrée ; et je suis heureux de pouvoir rappeler, devant cette honorable assemblée, que vous n'avez rien négligé pour en hâter l'accomplissement. Il ne me reste plus qu'à y ajouter le mien et celui de mes chers collègues, en priant Dieu de répandre ses bénédictions sur les travaux de l'année qui va s'ouvrir devant nous.

Paris. — Imp. Divry et Cⁱᵉ, rue Notre-Dame des Champs, 49.

www.ingramcontent.com/pod-product-compliance
Lightning Source LLC
Chambersburg PA
CBHW060916050426
42453CB00010B/1757